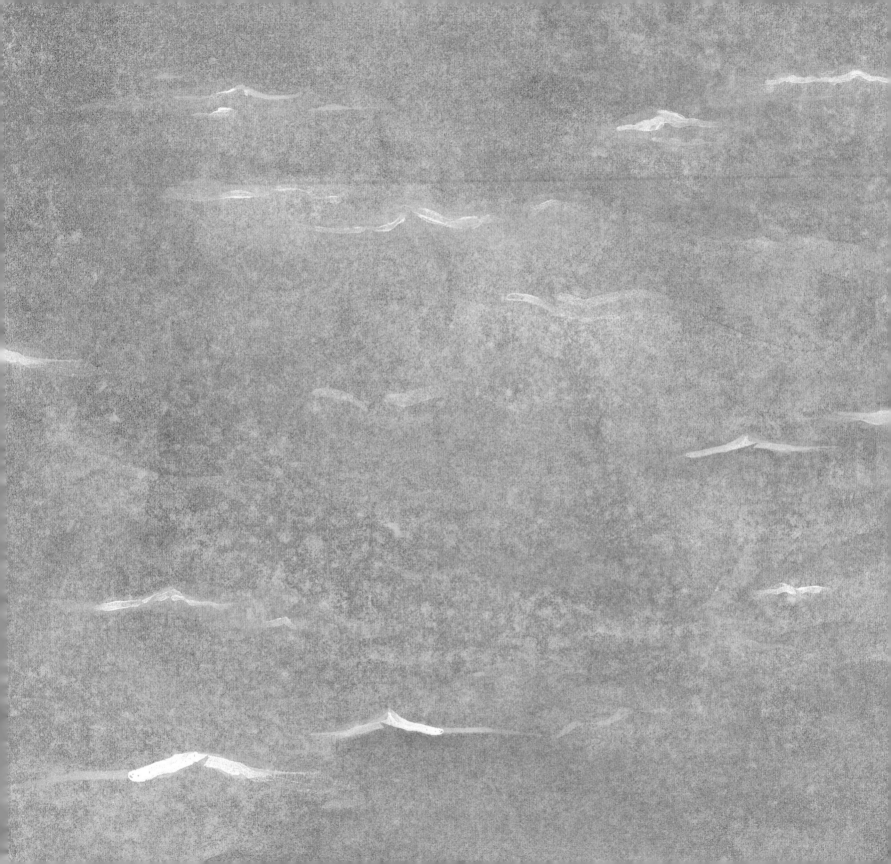

Un día con papá

Kate Banks   Ilustrado por **Lauren Castillo**

editorial juventud

Barcelona

Para papá Pierluigi —K.B.

Para la abuela y el abuelo,
que me enseñaron a pescar —L.C.

Título original: THAT'S PAPA'S WAY
© del texto: Kate Banks, 2009
© de las ilustraciones: Lauren Castillo, 2009
Publicado con el acuerdo de Farrar, Straus and Giroux, LLC, Nueva York
© EDITORIAL JUVENTUD, S. A., 2009
Provença, 101 - 08029 Barcelona
info@editorialjuventud.es
www.editorialjuventud.es

Traducción de Iolanda Rabascall
Primera edición, 2009
ISBN 978-84-261-3747-0
Depósito legal: B. 22.495-2009
Núm. de edición de E. J.: 12.185
Printed in Spain
A.V.C. Gràfiques, S.L., Avda. Generalitat, 39, Sant Joan Despí

Papá lleva una lata vacía, y yo llevo mi pala.

Nos adentramos en el bosque al amanecer.
Las ramitas crujen y se parten bajo nuestros pies.
Buscamos lombrices.

Papá se detiene y se arrodilla. Yo empiezo
a cavar. Una lombriz asoma la cabeza,
y luego otra. ¡Cómo se retuercen!

Papá las agarra con los dedos y las guarda en la lata.

Mi papá es así.

Yo las recojo con la pala.

Yo lo hago así.

Papá saca los remos y las cañas de pescar del cobertizo de las barcas.

Yo me encargo de los chalecos salvavidas.

Bajamos juntos hasta la orilla, caminando uno al lado del otro.

El sol está saliendo como un enorme globo amarillo.

El agua está tan quieta que parece un espejo.

La orilla del lago está llena de tesoros.
Encuentro un caparazón de nácar y se lo enseño a papá.

Papá sujeta la barca mientras yo salto adentro como puedo.

Papá sube a bordo y empieza a remar.

Adelante, atrás, adelante, atrás.

Papá marca el compás con silbidos.

Mi papá es así.

Yo imito el ruido de las pequeñas olas al chocar contra la barca.

«Chhhoof».

Yo soy así.

En una cala situada en el otro extremo del lago,
papá levanta los remos del agua.
Coloca una lombriz en cada uno de nuestros anzuelos.

Papá lanza la caña al agua, bien lejos.
Yo apoyo la mía en el borde de la barca.
Y esperamos.

Esperamos y esperamos y esperamos.

Esperar es pesado. Me estoy aburriendo.

—Venid a morder el anzuelo —susurra papá a los peces.

Dice que cuando pescamos tenemos tiempo para pensar.

Está pensando que es muy afortunado de poder estar aquí, en el lago.

Mi papá es así.

Yo, en cambio, pienso: «¿Cuándo picarán esos peces?».

Hay más barcas en el lago. Saludamos con la mano. Todos nos devuelven el saludo.

Papá pesca el primero.

Suelta el pez del anzuelo y lo guarda en un cubo.

—Muy pronto pescarás uno, ya lo verás —dice en tono convencido.

Mi papá es así.

Contemplo el agua y la espuma que hacen las pequeñas olas.
Las moscas revolotean alrededor de los nenúfares.
De repente veo un pez. Se dirige hacia mi caña.
Mueve la cola sin parar mientras se acerca al cebo.

Contengo la respiración.

De pronto, un banco entero de peces está junto a mi cebo.

Noto un tirón en la caña y la levanto con cuidado.

Después enrollo el hilo en el carrete,

y una trucha escurridiza salta dentro de la barca.

Papá me ayuda, pero deja que lo haga yo.

Mi papá es así.

Papá suelta la trucha de mi caña y la mete en el cubo.

—¡Buen trabajo! —exclama, y me da unas palmaditas en la espalda.

Mi papá es así.

Papá pesca otra trucha y yo le doy unas palmaditas en la espalda.

En total pescamos cinco truchas.

Ya es hora de regresar a casa.

El viento nos empuja suavemente hacia la orilla.

Papá deja que reme. Se sienta detrás de mí y me ayuda con los remos.

Pasa una familia de patos,
graznando estrepitosamente.
Papá los imita. Mi papá es así.
Yo me río a carcajadas.

En casa todos nos están esperando.
—¿Qué tal la pesca? —pregunta mamá.
Papá esconde el cubo detrás de la espalda.
—Hoy no hemos tenido suerte —bromea.
Mi papá es así.
Yo, en cambio, alzo mi pescado
para que todos lo vean y digo: «¡Mirad!».

Esa noche cenamos pescado
y tarta de frambuesas en el jardín.

Después de la cena, papá y yo nos sentamos juntos en la mecedora del porche. Las ranas croan. La mecedora chirría.

—¡Menudo día! —dice papá.

Me rodea con sus brazos y me estrecha con ternura.

Mi papá es así.

—¡Un día fantástico! —añado yo, y le devuelvo el abrazo.

Yo también soy así.

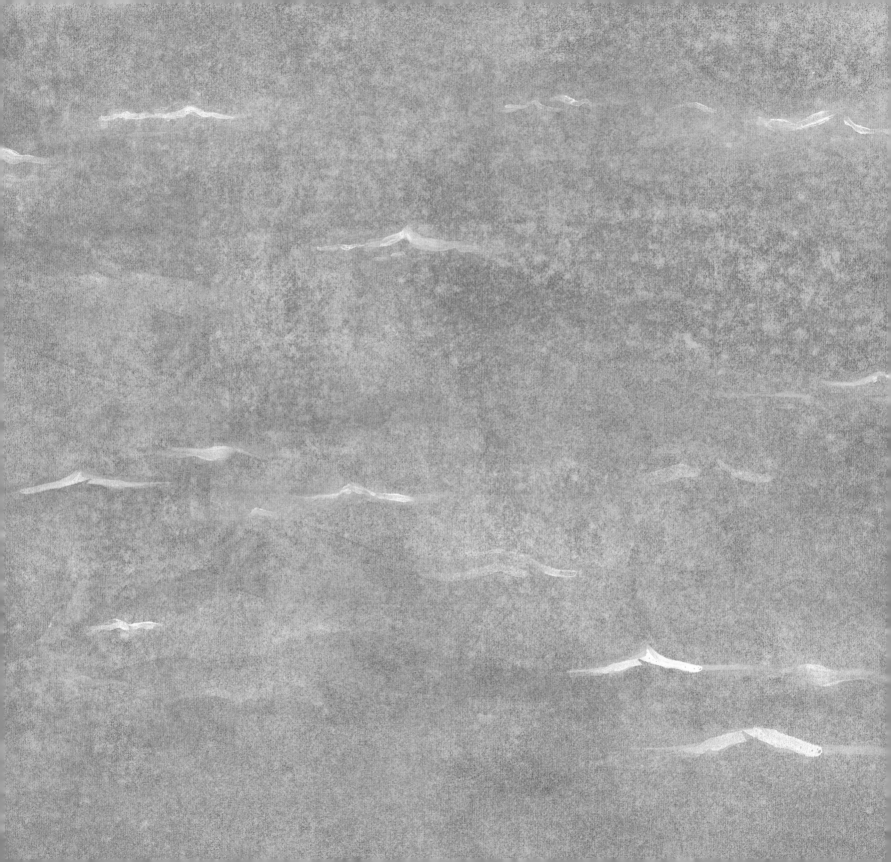